VOTRE PREMIÈRE ENTREPRISE
Le guide du démarrage d'une entreprise, de l'idée au lancement

WAYNE WALKER

© Copyright 2017 par Wayne Walker, tous droits réservés.

Ce livre a été rédigé dans le but de fournir des informations aussi précises et fiables que possible. Il convient de consulter des professionnels, si nécessaire, avant d'entreprendre l'une ou l'autre des actions endossées ici.

La présente déclaration est jugée équitable et valide par l'American Bar Association et le Committee of Publishers Association et est juridiquement contraignante sur tout le territoire des États-Unis.

En outre, la transmission, la duplication ou la reproduction de l'un des travaux suivants, y compris des informations précises, sera considérée comme un acte illégal, qu'elle soit effectuée sous forme électronique ou imprimée. La légalité s'étend à la création d'une copie secondaire ou tertiaire de l'œuvre ou d'une copie enregistrée et n'est autorisée qu'avec le consentement écrit exprès de l'éditeur. Tous les droits supplémentaires sont réservés.

Les informations contenues dans les pages suivantes sont généralement considérées comme un compte rendu véridique et exact des faits, et en tant que tel, toute inattention, utilisation ou mauvaise utilisation des informations en question par le lecteur rendra toute action en résultant uniquement de son ressort. Il n'existe aucun scénario dans lequel l'éditeur ou l'auteur original de ce travail peut être de quelque manière que ce soit considéré comme responsable de toute difficulté ou de tout dommage qui pourrait leur arriver après avoir entrepris les informations décrites ici.

Contenu

INTRODUCTION 7

WAYNE WALKER (la version courte) 9

PAR OÙ COMMENCER 13

    Évolutif 14

    Concentration 16

    Faites parler de vous 18

    Bonnes personnes 20

    Le mental 21

    Des choses concrètes que j'ai faites pour garder un bon fonctionnement mental : 22

CE QUE LES CONSULTANTS NE VOUS DIRONT PAS 25

    Revenu 26

    Dépenses 27

    Amis – Vie privée 27

    Consultants 29

    Les "experts" en marketing Internet 29

AUTRES QUESTIONS PRATIQUES 31

    Le plan d'affaires 32

    Questions juridiques et réglementaires : 32

    Traiter avec les banques 33

    Sur le fait d'offrir votre service gratuitement 34

    Offrir un crédit 34

    Partenaires 34

IT	35
Site web	35
Médias sociaux	36

QUEL TYPE D'ENTREPRISE DÉMARRER ?...**38**

Livres électroniques	39
Webinaires - Cours en ligne	39
Conseil	40

ÉTAPE SUIVANTE **42**

Lorsque vous êtes prêt à commencer - Contactez-moi	43

ANALYSE SWOT **44**

Localisation du siège	45
Faiblesses	46
Opportunités	46
Menaces	47
Vision	47

PROFIL DE L'AUTEUR **48**

Avis de non-responsabilité

Les conseils et stratégies contenus dans ce guide sont fondés sur mes expériences et opinions professionnelles personnelles, et peuvent ne pas être adaptés à votre situation.

INTRODUCTION

La motivation qui m'a poussé à rédiger ce guide est similaire à celle de mes autres travaux. En effet, je sais par expérience qu'il n'est pas nécessaire d'avoir 200 pages pour expliquer à quelqu'un comment faire quelque chose avec succès. Étant propriétaire d'une entreprise rentable, je sais aussi, par expérience, que je n'ai pas besoin de 200 pages pour partager l'essence de la gestion d'une entreprise. Beaucoup pourraient ne pas être d'accord, mais je ne me préoccupe pas d'eux pour l'instant. Je crois fermement à la citation de Gandhi, "une once de pratique vaut mieux que des tonnes de prédication".

WAYNE WALKER
(la version courte)

Pour que mes mots et mes idées aient plus de sens, un bref aperçu de mon parcours est essentiel. Je suis le directeur et propriétaire de GCMS, une société de conseil et de formation sur les marchés de capitaux.

Il ne s'agit pas d'une autobiographie (je suis bien trop jeune). En bref, je suis né à Jamaïque, W.I. et j'ai été élevé à New York par des parents qui ont fait de leur mieux avec les outils dont ils disposaient. Comme beaucoup d'autres personnes de leur génération, ils ont fait des sacrifices pour que leurs enfants puissent avoir des opportunités qui ne leur étaient pas accessibles et je leur en serai toujours reconnaissante. J'ai fait mes études universitaires à Buffalo, dans l'État de New York, et à San Diego, en Californie.

Je réside actuellement en Europe, ce qui constitue une aventure en soi, matière à mon troisième guide. Je pensais que le socialisme avait disparu de la planète mais, à mon grand étonnement, il est bien vivant et permet à certaines personnes de s'en sortir parce qu'elles ont droit à tout "gratuitement".

Avant de créer ma société, j'étais à la tête d'équipes de conseillers en investissement chez Saxo Bank (Copenhague), l'un des pionniers de la banque d'investissement en ligne et du trading électronique. C'était vraiment un endroit spécial pour travailler. Chaque jour était littéralement meilleur que le jour précédent. Les gens gagnaient de bons salaires et, dans certains cas, des salaires très généreux.

J'étais le 140e employé d'une banque qui comptait environ 1 500 employés au moment de ma démission. Inutile de dire que j'ai vu beaucoup de nouveaux visages. Les personnes que j'ai rencontrées étaient absolument extraordinaires. Je collabore encore avec de nombreux anciens de Saxo sur des projets.

Nous avons travaillé dur et joué dur. Oui, nous avons passé de très longues heures à travailler, mais ma famille et moi-même en avons apprécié les fruits, alors il est un peu tard pour se plaindre. Les défis familiaux font partie du style de vie de la banque d'investissement, dans lequel je nageais dès que j'en avais l'occasion. J'ai organisé des séminaires dans les magnifiques Caraïbes, j'ai formé le personnel de Citi - FX à Londres, et j'ai même organisé des séminaires à Hollywood. La vie nocturne reste un livre fermé.

Mon séjour chez Saxo Bank a été riche en enseignements et j'ai fini par démissionner en bons termes.

J'ai toujours rêvé de créer une entreprise et, avec quelques économies, je me suis lancé dans l'aventure.

PAR OÙ COMMENCER

Évolutif

L'idée de ce que vous avez en tête doit, doit être évolutive. Cela signifie que votre entreprise peut traiter une commande de 1 000 unités avec presque la même facilité qu'une commande de 100 unités. Je prends un peu de liberté avec les chiffres, mais le fait est que l'entreprise doit pouvoir se développer sans avoir besoin d'un rapport 1:1. De sorte que si avec 10 commandes vous avez besoin de 10 employés et ainsi de suite.

Le secret de Saxo Bank ? Ils ont maîtrisé l'art de la mise à l'échelle.

Votre idée est-elle évolutive ? Vous ne pouvez pas échapper à cette question. Si vous ne pouvez pas faire évoluer votre idée, vous avez simplement créé un emploi et non une entreprise. Si vous n'y arrivez pas, gardez votre emploi jusqu'à ce que vous ayez un plan.

Si l'on prend l'exemple de GCMS, il s'agissait au départ d'une entreprise unipersonnelle dans l'UE, avec du personnel dans les Caraïbes pour diriger les opérations et le back-office. Nous avons commencé par organiser des séminaires, ce qui est une forme de mise à l'échelle. Un séminaire me permet de servir de nombreux clients à la fois. Il n'est pas possible de leur donner des cours particuliers, à moins, bien sûr, que chaque client paie des milliers de dollars et que vous ayez un flux de clients.

Examinez votre idée, comment la diffuser de manière à ce que vous n'ayez pas à vous en occuper 24 heures sur 24, 7 jours sur 7. L'un des moyens les plus simples de diffuser une idée est d'avoir un employé ou des consultants rémunérés ou payés en fonction des performances.

Ils peuvent diffuser votre idée plus rapidement que vous ne le feriez seul. Ces personnes disposent également de réseaux qui peuvent être exploités pour le bénéfice de tous. Dans le cas du GCMS, un consultant de notre équipe avait de nombreux contacts dans les médias et les universités. Lors de la phase de démarrage, cet accès à des médias gratuits a été une énorme bénédiction pour nous (nous y reviendrons plus tard).

Pensez à toutes les vagues d'entrepreneurs Internet qui ont fait fortune au fil des ans, ils ont mis à l'échelle leur concept. Un site Web fonctionne 24 heures sur 24, 7 jours sur 7, et prend des commandes pendant que vous dormez, skiez ou faites la fête, je pense que vous avez compris.

Que vous soyez un excellent banquier, webmaster, massothérapeute ou cuisinier, à moins que vous ne puissiez diffuser vos idées sans trop d'implication personnelle, gardez votre emploi et épargnez à votre famille le stress.

Les bijoux spécialisés faits à la main, par exemple, seront très difficiles à développer. Pour être honnête, ce n'est pas une idée impossible, car si votre nom est suffisamment célèbre et que vous pouvez vendre chaque pièce pour un million d'euros de bénéfice, alors le passage à l'échelle n'est pas un problème. Malheureusement, la majorité d'entre nous n'a pas le type de notoriété nécessaire pour vendre facilement des bijoux coûteux.

Cela peut sembler élémentaire, mais c'est essentiel, sinon il est vraiment difficile de passer à autre chose. Je partage mon expérience personnelle avec ma propre entreprise : de nombreux éléments sont extensibles mais pas à 100%. C'est un défi auquel je travaille également.

Il existe de nombreux exemples concrets de cette situation dans le monde réel, par exemple de nombreux fast-foods. Si une franchise locale passe de 100 hamburgers à 200 hamburgers par heure, elle n'embauche pas 100 employés supplémentaires.

La bonne nouvelle est qu'il existe de nombreuses idées qui peuvent être mises à l'échelle, notamment grâce à Internet. Elles ne nécessitent pas non plus d'énormes capitaux. De nombreuses personnes ont exploré le concept de la revente et cela a très bien fonctionné pour eux. Ils ont un site qui vend des produits 24 heures sur 24 avec un système de facturation automatique. Par conséquent, 100 commandes ou 1.000 nécessitent le même effort.

Dans ma société GCMS, nous appliquons ces principes en mettant à l'échelle nos e-guides. Sur le site web, nous sommes ouverts aux commandes 24 heures sur 24, 7 jours sur 7, et elles sont traitées sans que je sois assis devant mon ordinateur jour et nuit. Nous avons un formulaire de commande qui reprend les informations nécessaires, et un e-mail automatique qui est renvoyé.

Nos cours peuvent accueillir 25 à 40 personnes avec le même nombre d'instructeurs, tout en maintenant le niveau de qualité requis.

Concentration

On dit souvent qu'on ne peut pas tout faire pour tout le monde et c'est très vrai en affaires. Tenter de se spécialiser dans la cuisine italienne et chinoise dans le même restaurant est une recette pour l'échec (j'ai vu ce restaurant lors de mes voyages en Amérique).

Vous devez trouver un domaine dans lequel vous pouvez apporter de la valeur aux gens. Soit dans un produit ou un service (qui est bien sûr évolutif).

J'ai un ami qui possède une entreprise dans laquelle il se "spécialise" dans à peu près tous les types d'art (audio, meubles, peintures, etc.). Je lui ai suggéré à plusieurs reprises de trouver d'abord un domaine dans lequel il excelle, puis de présenter à ses clients les autres domaines dans lesquels il excelle. Dix ans après le lancement de son entreprise, celle-ci n'a toujours pas dépassé le stade de hobby en termes de revenus.

Il est difficile de trouver des exemples d'entreprises qui ont réussi en essayant d'abord de conquérir de nombreux marchés. La plupart d'entre elles trouveront une région, un produit ou un service qui leur conviendra bien au début, puis lanceront d'autres services au fil du temps.

Dans mon expérience avec GCMS, ce n'est qu'après avoir commencé à nous concentrer que nous avons commencé à voir de meilleurs résultats. Au début, nous étions partout, essayant de répondre à tous les marchés. Apprenez de mes efforts, de mon argent et de mon temps gaspillés, vous devez vous concentrer, vous concentrer, vous concentrer.

C'est le succès de notre programme de diplôme de trading qui nous a donné l'impulsion nécessaire pour être vus par d'autres en dehors du marché universitaire. Nous enseignons dans les meilleures universités, mais une grande partie de nos participants ne sont pas des étudiants. Ils nous ont aidés à nous étendre par le bouche à oreille à la communauté professionnelle.

Ce guide électronique est un autre exemple d'orientation. Je crois qu'il existe un marché de personnes qui veulent apprendre des choses en allant droit au but. Je ne suis pas un professeur d'université, mais j'ai une expérience pratique qui peut être partagée sans que quelqu'un ait besoin d'une vie d'études. C'est pourquoi je crée des guides qui sont pratiques et peuvent être lus en quelques minutes ou quelques heures. L'avantage est qu'ils peuvent être utilisés immédiatement comme matériel de référence pratique pour ceux qui les achètent. Une fois que le programme de diplôme a été un succès, nous avons pu lancer le guide électronique, les services de CV, etc.

Faites parler de vous

Faire parler de vous ou de votre entreprise est la clé du succès à long terme. Même si cela signifie gagner moins d'argent au début. L'exemple du GCMS est un exemple classique de marketing de bouche à oreille. Nous sommes propriétaires de notre contenu, mais nous n'avions malheureusement pas de millions à consacrer à la publicité.

Nous nous sommes d'abord attachés à fournir un bon produit que les gens auraient envie de partager/recommander à leurs amis. La première chose que nous avons faite a été de nous associer à des groupes qui avaient accès à la distribution. Notre premier partenaire était le University College of the Caribbean. Il nous a donné accès aux professionnels de la finance de la région sans que nous ayons à dépenser de l'argent en marketing.

Notre partenaire suivant était Finance Lab à Copenhague, qui a pu nous mettre en contact avec des étudiants universitaires, d'abord à Copenhague, puis dans le reste du Danemark. Ces connexions nous ont permis de bénéficier d'une distribution instantanée et de faire parler de nous. Il n'y a pas de magie du jour au lendemain, cela prend du temps au début, mais une fois que vous avez pris un peu d'élan, les choses peuvent vraiment commencer à rouler rapidement. C'est une technique de base que nous reproduisons avec de nombreux groupes et qui a conduit à une croissance plus organique de notre entreprise, mais cela prend du temps. Bien sûr, notre service doit apporter une valeur ajoutée aux clients, sinon aucun groupe, aucune relation, aucun marketing ne peut vous sauver à long terme.

Se retrouver dans la presse, quelqu'un qui écrit sur vous est le meilleur moyen d'attirer l'attention instantanément. Après la parution de quelques articles sur le GCMS dans plusieurs journaux, les visites de notre site Web ont bondi de plus de 400 %.

La seule chose qui a été une perte totale de temps et d'argent au début, c'est d'essayer de faire de la publicité dans les journaux, les annonces en ligne, etc. Écoutez-moi et les nombreuses autres personnes qui ont fait cette erreur stupide... gardez votre argent pour d'autres choses. Les soi-disant gourous, les "pros" du marketing Internet, oubliez-les, à moins qu'ils ne puissent vous montrer l'entreprise qu'ils dirigent en utilisant les techniques qu'ils vous suggèrent. Vous en saurez plus sur ces personnes plus tard dans ce guide.

Seth Godin, auteur de Purple Cow, souligne que pour faire parler de soi, l'essentiel est d'aider les gens à atteindre leurs objectifs, afin qu'au fil du temps, ils aient intérêt à vous aider à atteindre les vôtres. Je peux confirmer par expérience pratique que c'est vrai.

En respectant ma parole, je ne parlerai que des choses que j'ai faites et qui ont effectivement fonctionné pour le GCMS ou que j'ai vues fonctionner pour d'autres. À la fin du guide, mes coordonnées sont fournies et je peux discuter/vérifier toute suggestion que j'ai faite.

Bonnes personnes

Au début, il est essentiel de s'entourer de personnes compétentes et positives. Créer une entreprise, disons-le franchement, est difficile, difficile même si vous avez l'idée "parfaite". Avoir des personnes qui diront ce qui doit être dit sans avoir peur est un cadeau plus précieux que l'argent. Les conseils gratuits mais inestimables que mes bons amis et notre conseil consultatif ont partagés avec moi ont été formidables.

Sans pitié, éliminez toutes les personnes négatives. Ne confondez pas cela avec la critique constructive. Ma règle avec les gens est que si vous critiquez, vous devez avoir une suggestion alternative. Dire "votre site web est nul" ne sert à rien, à moins que vous n'ayez une suggestion concrète pour l'améliorer. Mieux encore, impressionnez-moi avec votre site Web qui comprend toutes les fonctionnalités qui, selon vous, font défaut au mien.

J'avais des personnes proches de moi qui bénéficieraient probablement le plus des résultats de la création de mon entreprise et, au lieu d'être dans la colonne de soutien, elles ont perdu leur temps et le mien en étant négatives. Un avertissement aux entrepreneurs en herbe : vous êtes seuls. Pour être juste, ce n'est pas à vos amis ou à votre famille de sauver votre entreprise. S'ils vous aident, tant mieux, mais ils n'ont aucune obligation, à mon avis, de vous aider, mais ils doivent rester clairement en dehors de votre chemin et ne pas être une nuisance.

Le mental

Ne jamais, jamais, abandonner. Comme l'ont dit à juste titre quelques personnes intelligentes, soit vous abandonnez dès le début, soit vous devez poursuivre le voyage jusqu'à la fin. Chaque fois que vous vous lancez dans un changement dans votre vie, comme la création d'une entreprise, vous devez vous attendre à des turbulences, cela fait partie du processus.

En d'autres termes, si vous abandonnez à mi-chemin, vous aurez fait le sacrifice du temps, de l'argent et de l'effort sans en retirer aucun bénéfice. Il y aura des jours sombres, dans mon cas, beaucoup, mais la foi en moi et en mon idée m'a permis de continuer. En n'abandonnant pas, vous remarquerez qu'avec le temps, l'opposition (personnes et pensées négatives) s'estompera. Et les tendances à l'autodestruction que beaucoup d'entre nous ont deviendront plus faibles.

Cette discipline mentale doit être entraînée et développée. Votre état mental est l'élément le plus crucial au début. Beaucoup de gens, lorsqu'ils parlent de créer une entreprise, se concentrent sur le plan d'affaires et négligent leur plan mental. Ne faites pas cette erreur.

Dans votre ascension vers le but, rappelez-vous que ce n'est pas parce que les choses ne se sont pas déroulées exactement selon le calendrier prévu que c'est un signe d'échec. Pour beaucoup, le succès est arrivé après le moment où tout le monde pensait que les choses étaient sans espoir. Dans mon cas, ce n'était pas aussi dramatique, mais les choses ont commencé à changer après l'échéance personnelle que j'avais fixée pour que l'entreprise soit rentable.

Vous devez vous poser deux questions et avoir de très bonnes réponses à ces questions avant d'appuyer sur la gâchette pour commencer :

1-Avez-vous peur de faire des erreurs ?

Vous en ferez beaucoup, si c'est un problème pour vous, cherchez une aide psychologique avant de commencer.

2- Jusqu'où êtes-vous prêt à aller pour mener votre idée jusqu'au bout ?

La création d'une entreprise vous mettra à l'épreuve de toutes les manières imaginables, alors soyez prêt.

Des choses concrètes que j'ai faites pour garder un bon fonctionnement mental :

Faire de l'exercice

C'est le meilleur défouloir du monde. Après une grosse séance de gymnastique, j'ai l'énergie physique et mentale pour continuer à me battre. Vous choisissez le sport, mais bougez votre corps. De nombreuses études récentes affirment que l'exercice est l'une des rares choses dont il est prouvé qu'elle augmente les capacités cérébrales. J'en suis convaincu.

L'écriture

L'écriture m'a donné l'occasion de me changer les idées pendant quelques heures à la fois. C'est aussi un excellent moyen d'apprendre à rassembler ses pensées dans une sorte de structure.

Lire

Au cours de la première année d'existence de l'entreprise, j'ai souvent pris l'avion entre l'Amérique du Nord et l'Europe, ce qui m'a valu beaucoup d'heures "mortes". Lire des histoires racontant comment d'autres ont surmonté l'adversité m'a été d'une grande aide mentale. Bien que nos histoires soient toutes uniques, des défis similaires aux nôtres ont été relevés par d'autres et il est bon d'apprendre d'eux. Cela vous épargnera de nombreux essais et erreurs. Comme nous l'avons déjà dit, lisez ce que disent ceux qui l'ont fait, et gardez la théorie pour l'amphithéâtre.

CE QUE LES CONSULTANTS NE VOUS DIRONT PAS

Revenu

J'ai récemment lu un article qui mentionnait qu'avoir trop d'argent lors de la création d'une entreprise est un danger. Il y a des points valables dans cette idée, mais il m'aurait été plus facile de dormir si j'avais eu plus d'argent au départ.

Soyez prêt pour des fluctuations de revenus qui effraieraient n'importe quel joueur. Au début, il se peut qu'il n'y en ait pas du tout. Dans mon cas, il n'y a eu aucun revenu positif avant la première année. Cela signifie qu'il y avait des revenus, mais que les dépenses les dépassaient. Ensuite, lorsque les revenus commencent à affluer, ils peuvent faire de beaux bonds, puis se stabiliser dans une moyenne.

Comment ai-je fait face à cette situation ? J'ai utilisé un peu de mes économies et je me suis tournée vers le théâtre et le mannequinat. J'ai eu la chance d'être mannequin par intermittence pendant de nombreuses années. Le théâtre royal danois m'a appelé pour un second rôle dans une pièce et j'ai sauté sur l'occasion. Ce n'était pas une somme mirobolante, mais elle couvrait une grande partie de mes dépenses.

Tout futur propriétaire d'entreprise, en particulier ceux qui ont des moyens limités, devrait avoir à l'esprit un moyen de générer de l'argent pour survivre jusqu'à ce que son entreprise décolle. Il n'y a pas de honte à faire des hamburgers si cela vous permet de garder un toit sur la tête. Il y a tellement d'histoires de gens qui dorment sur le canapé de leurs amis pendant des mois en période de vaches maigres, il faut s'y préparer.

Nous vivons une époque merveilleuse où il n'est pas nécessaire de disposer d'un capital énorme pour créer une entreprise grâce à Internet. Cependant, comme la barrière à l'entrée a été abaissée, cela signifie aussi que la concurrence s'est intensifiée.

Dépenses

Surveillez-les de près, car elles peuvent être un tueur silencieux. Si vous avez du personnel, une autre couche de vigilance est nécessaire. Non pas qu'ils aient de mauvaises intentions, mais il est plus probable qu'ils n'aient pas le même investissement dans le cabinet que vous. Dans certains cas, cela les amène à être beaucoup plus détendus avec les fournisseurs que vous ne l'êtes. Par exemple, ils commanderont plus que ce qui est nécessaire ou quelque chose qui n'est tout simplement pas nécessaire.

Amis - Vie privée

Soyez prêt à être seul. Soyez prêt à être seul. Ce n'est pas une faute de frappe, je voulais m'assurer que le message passe bien. Si vous avez du mal à passer du temps seul, gardez votre travail et rentrez chez vous avec votre famille.

Vos "amis", pour la plupart, disparaîtront plus vite que vous ne le croirez jamais. Préparez-vous à ce que les personnes qui vous disent "vous pouvez compter sur moi", "appelez-moi si vous avez besoin de quelque chose", disparaissent. Oubliez-les, 98 % d'entre eux ne le pensent clairement pas.

Vos vrais amis, les rares qui restent (les 2 %), bien qu'étonnants, ne peuvent pas le faire à votre place et ce n'est pas non plus leur responsabilité.

Quant à la famille, ne vous attendez pas à un soutien trop important non plus. Dans mon cas, mon frère a été le premier à soutenir mon idée et je lui suis reconnaissante de m'avoir soutenue dès le début.

Pour ceux qui sont mariés, il est évident que vous devez avoir le soutien total de votre conjoint ou préparez-vous à des turbulences à la maison.

Vous passerez de nombreuses heures et, dans certains cas, des jours seuls lorsque vous aurez l'impression que tout cela est inutile, mais être amer ou triste est une perte de temps. Utilisez les outils mentionnés ci-dessus pour y faire face. L'exercice est mon préféré et il fait des merveilles pour votre estime de soi.

Votre vie privée en prendra un coup. En fait, je n'en avais aucune, je ne pense pas avoir eu un seul rendez-vous pendant plus d'un an. En fait, j'en étais plutôt heureuse, car cela me permettait de me concentrer. Je dois aussi admettre qu'il aurait été formidable d'avoir un partenaire dans le processus pour partager certains de ces moments avec lui. Je suis sûre que certains de mes amis ont commencé à s'inquiéter pour moi, mais je m'en sortais bien. Ceux d'entre vous qui ont une petite amie ou un petit ami, soyez très prudents. S'il y a un moment où vous risquez de vous séparer, c'est bien celui-là.

Consultants

Fuyez ces clowns comme si votre vie en dépendait, à moins qu'ils n'aient fait ce pour quoi ils vous consultent. Je ne veux pas trop généraliser, mais la majorité des consultants sont absolument inutiles. Ils viennent avec beaucoup de tableaux, de diapositives PowerPoint et tous les mots idiots à la mode du moment, mais lorsqu'il s'agit de résultats (la seule chose qui compte), ils font souvent défaut.

J'ai eu la chance de tomber sur quelques-uns des bons gars du secteur et je partage volontiers leurs services avec d'autres, car je sais que ces personnes peuvent donner des résultats.

Les "experts" en marketing Internet

Les consultants sont risqués, mais ces types d'Internet sont les pires. Oubliez-les, point final. Ne travaillez qu'avec ceux qui ont géré une entreprise qui a fait/fait des bénéfices. Ignorez toutes les sottises concernant les campagnes publicitaires si vous êtes propriétaire d'une petite entreprise.

La façon de commercialiser est de faire parler de soi. Le bouche à oreille est de loin le meilleur moyen. Ces "pros" essaieront de vous dire le contraire, mais je peux vous confirmer, à partir d'une expérience professionnelle réelle, que c'est la façon de construire une entreprise qui durera. Si votre objectif est de créer une nouvelle entreprise tous les quelques mois, alors ce n'est peut-être pas la stratégie qu'il vous faut, car il faut du temps pour construire une entreprise solide. Passez en revue les techniques que j'ai évoquées précédemment pour utiliser des partenaires qui peuvent vous fournir un accès à la distribution.

Les consultants de toutes sortes doivent être en mesure de vous montrer des exemples de la manière dont cette expertise ou ce brio qu'ils prétendent posséder a aidé d'autres personnes ou eux-mêmes. De préférence dans le même secteur ou dans un secteur connexe à celui dans lequel vous souhaitez vous lancer.

Sur un autre plan personnel, mon père dirigeait une entreprise de conseil fiscal prospère depuis la maison familiale de New York, sans se défiler. Comment l'a-t-il fait ? Il a réduit sa "publicité". Mon père, en plus de 20 ans d'activité, n'a jamais dépensé un dollar en publicité. Ses clients le remplissaient de recommandations (en raison de l'excellence de son service et de la justesse de ses honoraires), et il lui arrivait souvent de refuser des clients en raison d'une surcharge de travail. Etonnamment, il y est parvenu sans Internet ni aucun "gourou du marketing".

Il n'y a aucune contradiction dans mes concepts, j'ai dit qu'il était obligé de refuser des clients. C'est parce qu'il ne s'est pas développé, même s'il s'est bien débrouillé financièrement, il ne pouvait pas aller plus loin. La solution pour lui, bien sûr, était de proposer certains services sur Internet et d'engager du personnel pour l'aider à résoudre certains problèmes de routine.

AUTRES QUESTIONS PRATIQUES

Le plan d'affaires

La plupart des livres ou des conseillers vous diront d'en rédiger un, et les banques l'exigeront. Mon point de vue sur ce sujet est le suivant : comme l'investissement, il est très personnel. Cela ne fait pas de mal dans le sens où cela aide à la planification, mais je crois fermement qu'il faut simplement se lancer. Vous passerez le reste de votre précieuse vie à attendre le moment "parfait". Croyez-moi, vous rencontrerez ces clowns sans accomplissement avec leurs conseils d'attendre ce moment magique. Examinez leur vie et, en général, ils n'ont pas accompli grand-chose après avoir quitté l'école primaire. Nous sommes nombreux à avoir des idées géniales, mais par peur d'échouer, nous n'essayons même pas.

Je recommande une analyse SWOT même si vous ne vous lancez pas dans un plan d'affaires de 50 pages (que peu de gens lisent en fait). Pour ceux qui ont séché l'école de commerce, SWOT = (Strength, is it scalable ?, Weakness, Opportunities, Threats). Il s'agit d'un excellent test de réalité pour vous, et non pour les banques ou vos amis.

Comme je l'ai entendu, "penser grand, mais commencer petit", c'est la voie à suivre pour beaucoup, à moins que vous n'ayez des poches très profondes. Même si c'est le cas, je vous conseille de commencer petit.

Questions juridiques et réglementaires :

Obtenez toutes les autorisations nécessaires, mais avant de vous attirer des ennuis. Plus tard, si vous cherchez des fonds, il est bon de les avoir. Certains disent que vous devriez aussi prendre un avocat, et selon le type d'entreprise que vous voulez lancer, c'est une bonne idée.

S'il s'agit d'un partenariat ou si vous détenez l'argent des gens, par exemple pour faire du commerce, alors prenez un avocat. Si vous avez une bonne idée évolutive que vous pouvez gérer, je vous dis de la suivre. Le thème que je répète est de se lancer, et vous devrez juste faire face aux choses au fur et à mesure, le moment magique n'existe pas.

Un avocat peut être facultatif mais un comptable ne l'est pas, vous devez en avoir un. Celui que nous avons nous a fait économiser des milliers de dollars et nous a aidés à garder le cap. J'admets volontiers que, comme la plupart des propriétaires d'entreprise, je ne suis pas fou de cet aspect de la gestion d'une entreprise, mais il faut s'en occuper. Heureusement, il y a des millions de personnes dans le monde qui aiment regarder les codes des impôts et être en conformité.

Traiter avec les banques

C'est une autre source potentielle de déception. D'après les histoires d'horreur que j'ai entendues de la part d'autres propriétaires d'entreprise, je me demande souvent à quoi servent les banques.

Je dois dire que j'ai lancé mon entreprise à l'automne 2008, probablement le pire moment de l'histoire financière moderne. Même avec un excellent crédit, de l'argent en banque et le fait d'être client depuis de nombreuses années, on m'a rapidement refusé un prêt commercial. Les autres banques ne voulaient même pas entendre parler de moi. Elles voulaient une valeur sûre, alors que démarrer une entreprise est loin d'être le cas. J'ai fait de mon mieux pour ne pas en faire une affaire personnelle, car je ne devrais pas le faire, mais le goût était quand même amer.

Mon conseil, si vous avez besoin d'un prêt, est d'essayer. Ce n'est pas parce que c'était non pour moi que c'est non pour vous.

Sur le fait d'offrir votre service gratuitement

N'y pensez pas ! Même si vous ne faites payer qu'un dollar, c'est mieux que la gratuité. Les gens ont du mal à apprécier les services gratuits et lorsque vous essayez de faire payer ce qui était gratuit, cela devient compliqué. À un moment donné, j'ai envisagé de donner mon premier e-guide et cela n'a rien donné. J'ai commencé à les vendre et les gens ont commencé à acheter.

Offrir un crédit

Pas possible. Offrir un crédit peut transformer votre jeune entreprise en otage de toutes sortes de clients privés et d'entreprises. Chez GCMS, nous avons eu quelques expériences désagréables avec quelques clients privés. Depuis que nous avons opté pour le paiement anticipé, les affaires ont augmenté et les maux de tête ont diminué.

Partenaires

Comme pour un conjoint, choisissez-les avec soin. Jusqu'à présent, mon expérience avec les partenaires a été plutôt bonne. Il faut faire attention aux soi-disant entrepreneurs en série. Comme leur niveau d'engagement peut être douteux, travaillez avec des personnes qui sont prêtes à tenir la distance avec et pour vous.

Faites très attention à ceux avec qui vous partagez vos idées. Malheureusement, j'ai eu la mauvaise expérience de partager un composant clé du GCMS avec des partenaires commerciaux potentiels. Ils m'ont dit que mon idée, bien que bonne, ne se vendrait pas. Un mois plus tard, ils ont lancé une entreprise basée sur mon idée qui, selon eux, ne marcherait jamais.

Une suggestion légale:

Lorsque vous avez une idée géniale, écrivez-la et envoyez-la à vous-même. La date figurant sur le timbre peut s'avérer cruciale dans les litiges liés à la propriété intellectuelle, car VOUS pourrez prouver que c'est vous qui avez eu l'idée en premier..... N'oubliez pas de garder l'enveloppe fermée. Collez un post-it indiquant ce qu'elle contient si nécessaire.

IT

Mon point faible personnel, j'ai donc consulté d'autres personnes. En fait, j'ai sauvegardé toutes mes données sur plusieurs ordinateurs et aussi en ligne. Il suffit d'une seule expérience de perte de données pour apprendre la leçon nécessaire. Profitez de mon expérience et sauvegardez fréquemment vos données.

Je vous conseille également vivement d'avoir deux ordinateurs portables lorsque vous voyagez loin de chez vous. J'ai connu des situations où les ordinateurs refusaient de démarrer ou les connexions avec les projecteurs, etc. ne fonctionnaient soudainement plus. Le fait d'avoir un ordinateur portable supplémentaire m'a sauvé la vie.

Site web

Votre site web doit être doté d'un système de gestion de contenu (CMS). Cela vous permet d'effectuer vous-même la plupart des mises à jour du site, éliminant ainsi un goulot d'étranglement potentiel. Le CMS vous permet également d'accéder aux données relatives au trafic sur le site (qui l'a visité, d'où il vient, sa langue, les pages qu'il a consultées, etc.)), ce qui peut vous aider dans votre stratégie de marketing.

Médias sociaux

Un sujet délicat. Si vous envisagez de gérer une boîte de nuit, une entreprise de DJ, un café, etc., Facebook, Twitter, etc. peuvent vous être utiles. Mais comme je l'ai mentionné, faites attention à ces "gourous" des médias sociaux qui vous disent que vous devez être présent partout. Le seul service que j'ai trouvé utile est Linkedin. Il y a plus de professionnalisme et vous évitez la plupart des bêtises des autres médias sociaux et le spamming.

Je suggère aux propriétaires d'entreprises de se concentrer sur les médias sociaux en personne en se réunissant lors d'événements de réseau. Vous pourrez ensuite diriger les gens vers votre site. Le bouche-à-oreille est toujours aussi puissant, même au 21e siècle.

Gardez à l'esprit les points que j'ai abordés au début : concentrez-vous et faites parler de vous. Vous ne disposez que de 24 heures par jour et vous devez donc vous concentrer sur un seul média pour rentabiliser au mieux votre temps et vos efforts.

QUEL TYPE D'ENTREPRISE DÉMARRER ?

Je vous suggère fortement d'examiner les idées d'entreprise qui ne nécessitent pas beaucoup d'espace physique. L'objectif est d'éviter d'avoir à louer des locaux et toutes les dépenses qui en découlent, par exemple des factures d'électricité supplémentaires. Tout type de restaurant, magasin de vêtements, etc. n'est pas recommandé pour le propriétaire potentiel d'une entreprise à petit budget.

Évitez l'envie de suivre les tendances stupides du moment. Concentrez-vous sur des idées commerciales évolutives qui apportent des avantages pratiques aux gens à un prix raisonnable.

Livres électroniques

Si vous avez des informations pratiques à partager avec les gens, c'est un bon angle. Les gens sont prêts à payer pour des informations précieuses qu'ils peuvent mettre en pratique assez rapidement.

Lorsque votre livre est prêt à être mis en vente, avec certains des plus grands acteurs du secteur. J'ai également pris le parti de vendre mes livres directement depuis mon site web. Je peux le faire parce que j'ai mon propre site web et que je voulais garder les bénéfices de mon travail pour moi. Cependant, mon livre est toujours disponible à la vente sur plusieurs sites, mais la majorité de mes ventes sont générées par mes propres sites web.

Webinaires - Cours en ligne

Proposer des webinaires, des cours, etc. payants. Les gens paient pour avoir accès à vos connaissances. J'ai coaché des gens dans le monde entier et c'est lucratif et personnellement satisfaisant. Vous éprouverez un sentiment de satisfaction en sachant que vous avez aidé quelqu'un à résoudre un problème ou que vous lui avez ouvert de nouvelles possibilités.

Conseil

Les gens paieront pour vos connaissances si vous pouvez démontrer comment vos connaissances et compétences leur seront utiles de manière pratique. Je travaille avec les gens en leur donnant une formation pratique sur les marchés des capitaux et en leur parlant franchement de la réalité de la création d'une entreprise avec peu de liquidités.

ÉTAPE SUIVANTE

Lorsque vous êtes prêt à commencer - Contactez-moi

J'espère sincèrement que ce guide pratique et bref vous a été utile. Cependant, je réalise aussi qu'un guide électronique a certaines limites. Pour ceux qui souhaitent un accompagnement plus concret, veuillez me contacter à l'adresse suivante : gcmsonline.info . Il existe également une fonction de type help desk où mes collègues ou moi-même répondons directement à vos défis commerciaux.

ANALYSE SWOT

Cette analyse SWOT peut être utilisée comme référence. Je l'ai utilisée au cours de la première année de mon entreprise. Quelques détails restent secrets mais une grande partie de ce que j'ai examiné au début du GCMS est ouvert à l'examen.

Localisation du siège

Le siège de l'entreprise est situé à Copenhague.

Analyse SWOT

Points forts

- **Gestion :** Notre personnel de gestion est expérimenté au niveau international et hautement qualifié dans son domaine spécifique.

- **Un personnel compétent :** Notre équipe de consultants compte parmi les meilleurs de la profession.

- **Vision claire des besoins du marché :** GCMS connaît ses clients potentiels (négociants privés, grandes et moyennes institutions financières).

Faiblesses

- **Financement :** Un aperçu préliminaire des dépenses suggère que le GCMS restera financièrement stable. Toutefois, des dépenses imprévues ou de faibles entrées de capitaux provenant des ventes pourraient menacer la trésorerie du GCMS, qui sera particulièrement vulnérable au cours de la première année.

- **Personnel limité :** Bien que le personnel du GCMS soit exceptionnel, il sera confronté à de longues heures de travail pour une faible rémunération au cours de la première année.

Opportunités

- **Croissance du marché :** La tendance croissante de l'industrie financière et des marchés en développement en général augmentera le nombre de clients potentiels pour nos services. Après avoir acquis une certaine stabilité, GCMS se concentrera sur l'expansion de ses marchés.

- **Potentiel de croissance internationale :** À mesure que le GCMS s'établit et acquiert une stabilité financière, il peut commencer à commercialiser ses services dans différents pays en développement. GCMS a commencé cette campagne et nous avons déjà une présence physique sur trois continents. Nous allons diversifier nos efforts de communication en utilisant également l'Internet.

- **Potentiel pour devenir le principal fournisseur :** GCMS ne dispose pas seulement de la direction et du personnel, mais aussi d'une stratégie évolutive à partir de laquelle elle pourra construire une plate-forme de croissance durable.

Menaces

- **La concurrence locale :** Il n'y a pas d'autre fournisseur de notre service à Copenhague ou dans nos zones de marché cibles qui soit spécialisé dans ce que nous faisons.

- **Concurrence locale émergente :** Actuellement, GCMS bénéficie d'un avantage de premier plan sur les marchés locaux. Cependant, des concurrents pourraient se profiler à l'horizon, et nous sommes préparés à leur arrivée. Nombre de nos programmes reposent sur une expertise et des contacts personnels qui ne sont tout simplement pas disponibles pour les autres.

- **Lois, règlements, politiques :** Toute nouvelle exigence légale à laquelle le SMGC pourrait devoir s'adapter.

- **Ralentissement économique :** Une récession économique imprévue ou imprévisible ou des tragédies comme le 11 septembre, réduiraient le revenu disponible.

Vision

Le GCMS a le potentiel et les plans pour devenir le principal fournisseur de formation et de conseil en matière de marchés des capitaux au niveau mondial.

PROFIL DE L'AUTEUR

Wayne Walker est le directeur d'une société de formation et de conseil sur les marchés financiers mondiaux (gcmsonline.info). Il a plusieurs années d'expérience dans la direction et l'encadrement d'équipes de conseillers en placement et a géré les équipes les plus performantes du groupe des clients privés sur la base des Bench Mark Earnings (BME). M. Walker a formé les traders du programme Citi-FX Pro à Londres. Il a également développé le programme "Trading Rights" chez Saxo Bank, que les conseillers en placement devaient suivre avant d'être autorisés à négocier. Il est un trader certifié par la directive européenne sur les marchés d'instruments financiers (MiFID) et est qualifié pour conseiller les clients "A".

M. Walker est fréquemment invité à commenter les marchés financiers dans le cadre de plusieurs émissions de radio et de télévision internationales en direct.

M. Walker détient plusieurs certifications et a occupé les postes suivants :

- Directeur-fondateur, (GCMS) Global Capital Market Solutions, Danemark
- Auteur du Reality Based Trading Guide, (utilisé dans nos cours à la Copenhagen Business School et dans d'autres universités de l'UE)
- Directeur, Trading des ventes, Amérique du Nord et Moyen-Orient, Saxo Bank, Danemark
- B.sc Université d'État de New York, College at Buffalo, USA
- NASD Series 3 - Licence pour négocier et conseiller sur les contrats à terme sur le marché américain
- ACI(Financial Markets) Dealing Certificate - Réussi avec distinction (niveau le plus élevé), France
- Formation au logiciel de cotation des options FX de Bloomberg et de la banque UBS.

www.ingramcontent.com/pod-product-compliance
Lightning Source LLC
Chambersburg PA
CBHW070859220526
45466CB00005B/2057